Anja Ursula Kayser

Tina und der Fehler

Anja Ursula Kayser

Tina und der Fehler

Eine Geschichte für Kinder
ab 6 Jahren

Band 7 der Tina-Reihe

(nach *Tina und das Schwimmbad, Tina und der Ausflug ins Freibad, Tina und der Spielplatz, Tina und das Geschenk, Tina und die Klassenfahrt* und *Tina und die Geschichte*)

mit Bildern von Anja Ursula Kayser

Bibliografische Information der Deutschen Nationalbibliothek:
Die Deutsche Nationalbibliothek verzeichnet diese Publikation in der Deutschen Nationalbibliografie; detaillierte bibliografische Daten sind im Internet über http://dnb.dnb.de abrufbar.

Verlag:
BoD · Books on Demand GmbH,
In de Tarpen 42, 22848 Norderstedt,
bod@bod.de
Druck:
Libri Plureos GmbH, Friedensallee 273,
22763 Hamburg

ISBN: 978-3-7693-5434-8

Für
Iuna, Mavie, Lilly, Nick und Mira

Mein besonderer Dank gilt meinem Mann für seine
tatkräftige Hilfe bei der Technik.

Es war recht früh am Morgen. Niemand war zu sehen. Die siebenjährige Tina schob ihr Fahrrad in den etwas verloren wirkenden Radständer, der sich in der Nähe des Haupteingangs der katholischen Kirche befand. Die Kirche lag nicht weit von dem Haus entfernt, in dem Tina mit ihren Eltern und ihren Geschwistern, dem zehnjährigen Max und der achtjährigen Susi, wohnte. Sie war erst vor einigen Jahren aus rotem Backstein gebaut worden und für eine Kirche recht modern. Tina mochte diese Kirche sehr gern, denn sie war hell und freundlich. Auch hatte sie einen mehreckigen freistehenden Glockenturm mit einem tollen Stundengeläute und mit vier hoch oben angebrachten Uhrzifferblättern auf den Seiten des Turms, die in alle vier Himmelsrichtungen zeigten.

Zwischen Kirche und Glockenturm befand sich ein kleiner Platz, auf den an diesem Morgen schon die Sonne schien. Der Tag versprach, warm zu werden. Tina nahm ihre rote Schultasche vom Gepäckträger, fuhr mit einem Arm durch den Trageriemen und setzte sie sich auf den Rücken. Dann wandte sie sich der Kirche zu. Entschlossen drückte sie die Klinke der schweren Kirchentür herunter und öffnete sie, indem sie mit ihrer ganzen Kraft dagegen drückte.

Drinnen war es angenehm kühl. Sie blickte über die vielen langen Bankreihen hinweg nach vorne zu dem großen steinernen Tisch auf der anderen Seite des Kirchenraums. Dieser Tisch, das wusste Tina natürlich, war der mächtige Hauptaltar der Kirche, der bei allen großen Messfeiern verwendet wurde. Im Vordergrund, etwas seitlich befand sich das Rednerpult, das Ambo, von dem aus die Ansprachen an die Gemeinde gehalten wurden.

Für einen Moment musste Tina an ihre Erstkommunion denken, die sie am vergangenen Ostersonntag, wie es in dieser Gemeinde üblich war als einziges Erstkommunionkind, gefeiert hatte. Da hatte nämlich der Pastor von hier aus, während sie in ihrem neuen Sonntagskleid zwischen den Eltern sitzend, seinen Worten zuhörte, sie plötzlich vor allen Gemeindemitgliedern als Erstkommunionkind erwähnt, sodass sich alle um sie Sitzenden nach ihr umgesehen hatten, was Tina so peinlich gewesen war, dass sie sich für einen Moment gewünscht hatte, im Erdboden zu versinken.

Heute aber waren der Hauptaltar und das Ambo für Tina nicht im Mittelpunkt ihres Interesses, und sie beachtete sie nicht weiter.

Stattdessen wandte sie sich nach links und ging hinter den Bankreihen entlang bis zu einem Gang, der durch die Bankreihen hindurch nach vorne führte. Diesem folgte sie bis zum Ende, um dann vor der ersten Bank noch einmal nach links abzubiegen. Während sich jetzt links von ihr die Bankreihen erstreckten, befand sich nun rechts von ihr noch ein weiterer und weitaus kleinerer Altar, der sogenannte Nebenaltar, der gemeinsam mit einem Beistelltischchen durch eine Stufe leicht erhöht in einer größeren Nische stand. Er wurde für die Morgenmessen verwendet, die noch vor Schulbeginn stattfanden und nur von wenigen Gläubigen besucht wurden. An diesem Nebenaltar würde Tina heute Morgen das erste Mal ministrieren. Das hieß, dass sie heute Morgen das erste Mal Kaplan Sanders helfen durfte, die Messe zu begehen.

Seit der Feier ihrer Erstkommunion hatte Tina nämlich den Unterricht für Messdiener und Messdienerinnen, besucht, den die Gemeindeschwester Anna erteilte, und nun war Tina fertige Ministrantin oder auch Messdienerin, ganz wie man wollte.

Bevor die Messe anfing, musste Tina aber erst
noch in die Sakristei. Das war der Raum, in
dem die Messgewänder aufbewahrt wurden
und all die anderen Dinge, die zum Feiern
der Messe gebraucht wurden. Man konnte da
seine Sachen ablegen oder sich, wenn
erforderlich, umziehen. Von hier aus kamen
auch der Geistliche und die Messdiener und
Messdienerinnen immer zu Beginn des
Gottesdienstes in die Kirche hinein. Deswegen
hing direkt neben der Tür zur Sakristei eine
Glocke, an deren Seil man ziehen musste, um
den Beginn der Messe anzukündigen.
Praktischerweise lag die Sakristei ganz in der
Nähe des Nebenaltars.

Brot
Buch
Kelch
Kännchen

Bevor Tina die Sakristei betrat, dachte sie noch
einmal an alles, was sie bei Schwester Anna
gelernt hatte. Leise flüsterte sie „BBKK" vor sich
hin. Das waren die Anfangsbuchstaben von
Brot, Buch, Kelch, Kännchen.

Tina wusste, sie musste, wenn Kaplan Sanders
ihr nach seiner Ansprache an die Gläubigen
zunickte, zuerst vom Beistelltisch die Schale
mit den Brotscheiben, den Hostien, zum Altar
bringen und dann von dort das Buch
mitnehmen, aus dem der Kaplan gelesen hatte,
und es auf den Beistelltisch legen. Dann würde
sie dem Kaplan von dort den Kelch bringen
und dann noch die zwei kleinen Kännchen
mit Wein und Wasser, die der Kaplan in den
Kelch gießen musste.

Auch den Trick gegen ein mögliches Niesen hatte Tina fleißig geübt, weil es doch nach Meinung von Schwester Anna nicht gut ging, auf den Altar, die Schale mit den Hostien oder den Kelch zu niesen. Entsprechend hatten die Kinder im Unterricht bei Schwester Anna gelernt, sich immer wenn sie irgendwann ein Kribbeln in der Nase spürten, mit dem Zeigefinger aufs Nasenbein zu klopfen. Aber sobald sie nach einigen Wochen des Übens sicher waren, dadurch das Niesen unterdrücken zu können, hatte Schwester Anna die Kinder darauf aufmerksam gemacht, wie sonderbar es aussähe, wenn man sich beim Ministrieren aufs Nasenbein klopfen würde. Und sie hatte dann vorgeschlagen, stattdessen mit den Zehen zu wackeln. Das ginge genauso gut. Und so wackelte Tina jetzt bei aufsteigendem Niesreiz immer so heftig sie konnte mit den Zehen. Und siehe da, es funktionierte!

In der Tür zur Sakristei begegnete Tina dem Organisten. Sie wusste nicht, wie der Mann hieß, sondern nur, dass er zu Beginn und während des Gottesdienstes Lieder auf der Orgel spielen würde. Der Mann nickte Tina freundlich zu und machte sich auf den Weg zur Orgel. In der Sakristei zog Kaplan Sanders gerade sein Messgewand über seinen Straßenanzug. Tina stellte ihre Schultasche in eine Ecke. Sie hatte sie schon mitgebracht, damit sie gleich nach der Messe weiter mit dem Fahrrad zur Schule fahren konnte. Im Unterschied zum Kaplan musste Tina zum Ministrieren in der Frühmesse kein besonderes Gewand anziehen. Und so hatte sie, um sich schön zu machen, für diesen Anlass ihr Lieblingskleid angezogen.

Aufgeregt trat sie von einem Bein aufs andere. „Das schaffen wir schon gemeinsam", sagte Kaplan Sanders freundlich und lächelte Tina ermutigend an. „Ich nicke dir ganz deutlich zu, wenn du mir das Brot bringen sollst. Dann kann gar nichts schiefgehen. Komm, lass uns anfangen." Er öffnete die Tür zur Kirche und stellte sich mit Tina in den Türrahmen. Als die Kirchturmuhr halb acht schlug, zog Tina an dem langen Band, und das Läuten der Glocke kündigte den Beginn der Messe an. Jetzt gab es kein Zurück mehr!

Die Orgel setzte ein, und während Tina und
der Kaplan zum Altar schritten, sah Tina aus
den Augenwinkeln ihren Bruder Max und ihre
Schwester Susi in der vordersten Bank sitzen.
Beide ministrierten ebenfalls und waren zu
Tinas seelischer Unterstützung und zum
Daumendrücken gekommen.

Die Messe nahm ihren Fortgang. Als Kaplan
Sanders ihr wie abgemacht ganz deutlich
zunickte, trug sie, wie sie es gelernt hatte, vom
Beistelltischchen das Brot zum Altar und
nahm von dort das Buch mit. Dann brachte sie
Kaplan Sanders zuerst den Kelch und dann
die Kännchen. Tina fühlte sich stolz und
glücklich, weil alles klappte wie am
Schnürchen.

Nachdem der Kaplan über der Brotschale und
dem Kelch heilige Worte gesprochen, sie vor
den Gläubigen hochgehoben hatte, damit alle
sie deutlich sehen konnten, sich selber eine
Hostie in den Mund geschoben und aus dem
Kelch getrunken hatte, nahm Kaplan Sanders
wieder die Schale mit dem Brot in die Hände.
Jetzt würde er erst ihr eine Hostie geben, und
danach würde sie sich so lange hinknien
müssen, bis der Kaplan, nachdem er auch an
die übrigen Gottesdienstbesuchenden Hostien
verteilt hatte, zum Altar zurückgekehrt war.

Aber was war das? Statt sich zuerst Tina
zuzuwenden, um ihr die Hostie zu geben,
beachtete Kaplan Sanders sie gar nicht,
sondern drehte ihr den Rücken zu und ging
mit der Brotschale auf die
Gottesdienstbesuchenden zu, die sich schon
erwartungsvoll in einer Reihe neben den
Kirchenbänken aufgestellt hatten, ganz vorne
Max und Susi.

Entsetzt starrte Tina dem Kaplan hinterher.
Der ganze erlernte Ablauf war mit einem
Schlag durcheinandergewirbelt. Die Welt
schien für Tina aus den Fugen zu geraten.
Hilfesuchend schaute sie zu Max und Susi
herüber, die gerade zu ihrem Platz
zurückkehrten, und zischelte: „Und jetzt? Was
soll ich denn jetzt machen? Soll ich mich jetzt
hinknien und so tun, als hätte ich auch eine
Hostie bekommen? Oder soll ich stehen
bleiben?" Nervös trippelte Tina auf der Stelle.
„Weiß ich auch nicht", wisperte Max zurück
und zuckte mit den Achseln. „Keine Ahnung",
echote Susi. Wahrscheinlich waren beide jetzt
sehr froh, nicht in Tinas Haut zu stecken. „Ich
weiß nicht, was ich tun soll", flüsterte Tina
noch einmal verzweifelt. Andeutungsweise
kniete sie sich hin, um dann gleich wieder
aufzustehen. Egal, was sie tat, es fühlte sich
vollkommen falsch an.

In diesem Moment teilte Kaplan Sanders die
letzte Hostie an die Gemeinde aus und drehte
sich wieder in Tinas Richtung, um zum Altar
zurückzukehren. Mit einem Blick erfasste er die
Situation. Er stellte die Schale mit den übrig
gebliebenen Hostien auf einer Bank ab und
breitete die Arme weit aus.

Dann führte er die Arme in einer weit
ausholenden Bewegung wieder zur Körpermitte
und klappte dann die Hände völlig
geräuschlos vor seiner Brust zusammen. Mit
dieser einzigen Geste umfasste er Tinas ganzes
Dilemma und bat sie gleichzeitig um
Entschuldigung für seinen Fehler.

Daraufhin nahm Kaplan Sanders die Schale
mit den Hostien wieder an sich, und noch im
Gehen nahm er eine Hostie in die Hand und
signalisierte Tina damit, stehenzubleiben und
auf ihn zu warten.

Bei ihr angekommen, legte er freundlich die
kleine Brotscheibe in Tinas ausgestreckte
Hand, und Tinas Welt rückte wieder gerade.
Nun konnte sie sich endlich hinknien, wie es
im Ablauf vorgesehen war, wenn auch nur
noch für ganz kurze Zeit.

Der Rest des Gottesdienstes ging jetzt schnell vorüber, und als Tina nach der Messe mit ihrer Schultasche zum Ausgang der Kirche ging und durch die Tür ins Freie trat, war sie noch ganz durchdrungen von ihrem Erlebnis. Und die beeindruckendste Erkenntnis war, dass sie überhaupt nicht den Eindruck hatte, sich blamiert zu haben. Eher hatte sie das Gefühl, gemeinsam mit Kaplan Sanders eine schwierige Situation bewältigt zu haben. Und das verlieh ihr ein gutes Gefühl.

Lächelnd trat sie auf den Vorplatz, wo Max
und Susi schon auf sie warteten. Die Sonne
schien heiter vom Himmel. Neben ihrem vorher
noch wie verwaist dastehenden Rad standen
jetzt auch die Räder von Max und Susi. Gleich
würden sie gemeinsam damit zur Schule
fahren. „Danke, dass ihr gekommen seid",
sagte sie zu ihren Geschwistern und fügte dann
augenzwinkernd hinzu: „Auch wenn ihr keine
große Hilfe wart." Max und Susi lachten. Wer
hätte denn auch mit so einem Fehler des
Kaplans rechnen können!

Anja Ursula Kayser wurde 1963 in Osnabrück
geboren und arbeitete als Ergotherapeutin 28 Jahre
lang mit Kindern. Der Umgang mit Literatur und
Musik ist für sie seit ihrer Kindheit von großer
Bedeutung. Ihre besondere Liebe gilt dem Vorlesen.
Nach „Tina und das Schwimmbad", „Tina und der
Ausflug ins Freibad", „Tina und der Spielplatz",
„Tina und das Geschenk", „Tina und die
Klassenfahrt" und „Tina und die Geschichte" ist dies
der siebte Band der Tina-Reihe.

Bisher vorliegende Bände der Tina-Reihe
von Anja Ursula Kayser:

Band 1: Tina und das Schwimmbad

Band 2: Tina und der Ausflug ins Freibad

Band 3: Tina und der Spielplatz

Band 4: Tina und das Geschenk

Band 5: Tina und die Klassenfahrt

Band 6: Tina und die Geschichte

Band 7: Tina und der Fehler

Ebenso bei BoD ist von Anja Ursula Kayser
2022 das Buch „Piep-Mätzchen" erschienen.